すっきり、ていねいに暮らすこと

渡辺有子

PHP文庫

はじめに

20代〜30代のはじめ頃はいつも出かけてばかりいました。外に出るのが楽しかったということもありますが、家が快適とはいえなかっただけなのかもしれません。それが30代も半ばを過ぎると、家にいる時間もいいものだなぁと思えるようになってきました。

居心地のいい家ってどういうことなのだろう?

自分で快適に過ごせる空間や、それを保つためにするべきことはどんなことだろう？　と考えるようになりました。

　それは、すっきりと暮らすことが大前提になった始まりでもありました。物がたくさんある中で快適に、居心地よく暮らしている人もいるでしょう。たくさん物はあるのに、格好よく構成されているような。でも、私はどうにも落ち着かないというか、ともすれば、ただ散らかっているだけに見えてしまいそうです。だったら、徹底的に（？）片付ける、多くの物を持たない、シンプルな暮らしを目指すようになりました。

家で過ごす日々の中で、季節を感じられたり、おいしいものを食べたり、時に人を招いてゆっくりと話をしたり。もちろん、家で仕事もします。

どんなことが快適か、自分なりのルールのようなものがだんだんとできて、居心地のよさを見つけられるようになってきました。私にとって大事なキッチンまわりのことや料理のことをはじめ、家族がいつも快適に過ごせるようにリビングや洗面所まわり、はたまた洗濯や掃除にいたるまで。そして、家での一日の始まりと終わりの習慣のようなことからも、今の自分を見つめることや毎日のことをていねいに考えるようになりました。ルールといってもそれはキビシイものではなく、とてもゆるい自分なりの決まりごと。

「すっきり、ていねいに暮らすこと」。それは、今の私にとって快適で居心地のいいキーワードになっています。

渡辺有子

もくじ

第2章　キッチンまわりのこと

第3章

食まわりのこと

第4章

身のまわりのこと

INFERNO
Juergen Teller
DesignSource
Drive-By Shootings
ARIZONA
ReadyMade
GHETTO
PLATES + DISHES
TARTINE BREAD
MORO EAST
CHEZ PANISSE VEGETABLES
AU BON VIEUX TEMPS
POLAROID
VICTORIA WISE
AMERICAN CHARCUTERIE
WILLIAM EGGLESTON PARIS
Elliott Erwitt Snaps
世界の民芸
異教の人
アースダイバー
芥川龍之介作品集
世界展
用と美

第1章

リビング、洗面所まわりのこと

一日のはじまりは部屋をととのえてから

朝、起きてから大半を家で過ごすことになる一日のはじまり。仕事も家ですることが多いので、気持ちを切り替えることは私にとって、とても大事なことです。撮影がある日は早い時間から仕込みをするためにキッチンに立ち、その仕込みに追われるように気持ちは自然と最初から仕事モードになります。しかし、デスクワークだけの日はどこか自分のペースという気持ちが優先して、家事もしながら、となりがちです。でも、それはどうにも落ち着かなくて、結局効率の悪い結果に。すっきりと仕事の頭に切り替えるためにも、一日のはじまりは家中をすっきりさせてから、と思うようになりました。

まずは窓を開け、洗濯機をまわし、リビングや寝室の片付けをします。夜寝る前にどうしても片付けられなかった物や、テーブルの上にあるちょっとした物など散らかっている物をすべて元のところに戻します。すべてが定位置に収まり、これが家の中の「ゼロの状態」という状態にしたいのです。レギュラーにすることでその日の日常がはじまります。洗濯をして、物を片付け、掃除をしている間に頭がじょじょに仕事の方向に。何も考えずに体を動かす、手を動かすことで、すっきりしていくものがあるように感じます。私にとってはこの時間が、仕事にとりかかるための切り替えの時間なのかもしれません。そして家事がひと通り終わった時には、部屋もきれいになって一石二鳥というわけ。ととのえた部屋からはきっといい空気が流れて、いいものが

出るように思うのです。

少し寒い時でも晴れていればお昼すぎくらいまで窓を開けて過ごします。空気が流れて、風が入ってくる部屋はよどみがなく、清々しい気持ちになります。洗濯物が溜まっていることを気にしながらでは仕事はできないし、テーブルの上で何か物が片付いていないのも気になってしまいます。部屋やテーブルが散らかっている状態はきっと頭の中も整理できていないのでは？　と思うのです。まずは家事で頭を空っぽにして体や手を動かして、後はもう仕事しかやることがないというところになったら仕事にとりかかるという順番が、いつからか身についています。これは自分なりのルールでしかありませんが、効率よく仕事と家事を両立させるための段取りのように思っています。

暮らしに季節の彩りを

リビングに大きな陶器の片口鉢と両手で抱えられるくらいの木のボウル。そこにはいつも何かしら果物を入れています。果物はおいしそうなものを見つけると素通りできず、ついつい山のように買ってしまいます。冷蔵庫には入れないのでいつも大きなこの鉢かボウル（p.22）に入れて食べ頃になるまでリビングに。キッチンに置くスペースがないというのもありますが、せっかくならば、花を飾るような気持ちでリビングに飾っても素敵だなと思ったのがきっかけでした。

私にとっては、果物を飾るのも花を飾るのと同じような感覚。香り

もあって、鮮やかな色合いや淡い色合いの有機的なものが部屋にあるのは、目にもやさしくやっぱりいいものです。春のいちごや初夏のベリーやさくらんぼのような小さな実のものはやや大きめの皿にのせてテーブルへ。飾るといってもこれらはすぐに食べてしまうのですが、テーブルにあると華やかで通りかかった時につまみ食いをしたりして、楽しい気分になります。夏にはプルーンやプラム、桃などの丸くやわらかくて、香り豊かな果物にうっとり。山盛りにしてあってもそれこそ水分補給にがぶり！　とそのままほおばったり、コンポートにして冷たい炭酸で割ったりシャーベットにしたりと、眺めていると何か作りたくなってきます。秋は果物が豊富な季節。柿、梨、ぶどう、りんご、洋梨、カリン……。どれも大きな鉢や木のボウルに入れてしばらく眺めていられます。冬には黄色や橙《だいだい》色をした柑橘《かんきつ》類がそれこそ山盛りに。我が家のリビングは一年を通して季節の果物が彩ってくれています。

花がなくても果物があれば私にとって十分ともいえるのですが、やはり季節の花も時に気持ちをなごませてくれます。いろいろな種類のアレンジメントというよりは、一種類の花をさりげなく飾っておくのが好み。春先のヒヤシンスは窓辺に差す光と溶け合って、眺めているだけで春を迎えた嬉しさが込みあげてきます。ヒヤシンスやチューリップなど球根のものや、ライラックなどの小花がたくさんついたもの、はたまた大ぶりで派手な芍薬《しゃくやく》など、毎年その季節になると飾ります。花に詳しくない分、果物をリビングに置いておくことが多いのですが、どちらも季節を感じられて日々の生活に大切なものだなと感じています。

家具のこと、メンテナンスのこと

リビングに家具をなるべく置かないようにしています。すっきりしておきたいというのが一番の理由ですが、家具は洋服のように毎日替えることができません。デザインの主張が強い特徴のある家具や、デザイナーの名前が立っているものも素敵だと思うけれど、毎日、しかもずっと使うとなるといろいろな意味で疲れてしまいそう。

結婚をして引っ越しを機にお互いの家具を持ち寄りました。それが不思議とテイストが似ていたこともあり、新しく購入したものはごく限られています。本棚の前に小さな読書スペースがほしいと思い見つけた幅の狭いデスク（p.26）。グラスを収めておく小さなガラス棚。どちらも日本の古い家具をメンテナンスしたもので、時期は違いますが、同じお店で購入しました。それもあってか、トーンは似ていて、今までの家具ともしっくりきました。

家具はメンテナンスして長く使う、それが今の自分たちの暮らしに合っているようです。リビングにある椅子やスツールのほとんどが、夫の曾祖父から祖父へ、そして夫が使い続けているもの。どれもしっかりした作りだけれど、だいぶ時間が経っているのでメンテナンスが必要でした。直しても使い続けたいというのは不思議と家になじんでいるからなのかもしれません。折りたたみの二脚の椅子（p.27）は、柄物の生地が張ってあるものが、もう100年近くそのままのもの。無地のものは、友人でもあるアーティストの澄敬一さんと松澤紀美子さんに頼んで座面の補強をお願いし、布物を作ってもらいました。まるでひとつの新しい作品のようになり、ここまで生まれ変わるのかと思うほどの仕上がり。そして、こうやってまた使い続けることができるというわけ。

次にどんな空間に住むか定まっていない今は、主張の強いものは控えています。多くを持たずに暮らすということのひとつに家具があげられると思います。家具はそれなりに存在感があるものですから……。

最小限の家具、そしてメンテナンスして長く使うことを選びたいと思っています。そんな時、相談できる懇意の家具屋さんがいることも安心できます。華美なことからは縁遠くとも、今ある家具は日々を過ごす空間に快適をもたらしてくれています。

郵便物の仕分け、片付けの箱

玄関からすぐにリビングがある我が家では、とりあえず、なんでもリビングを通過します。廊下があってキッチン、仕事部屋とずずずっと続いていれば、抱えて帰った食材やポストから取ってきた郵便物も、必要な行き場へ行くのだろうけれど、今の我が家ではなんでも、とりあえずリビングに着地。

郵便物をテーブルにポン！　と置くと、ともすればそのままになりがちですよね。「片付けるの面倒だなあ」と思うこともよくありますが、その気持ちをグッと我慢。郵便物は取ってきたらすぐに仕分けするようにしています。家族宛のものはまとめて仕事部屋のデスクへ。自分宛のものはすぐに封を開け、内容をゆっくり読む前に空いた封筒をまず、ごみ箱へ。ハガキはパッと見て取っておくものかどうかを判断。毎日のように届くＤＭなどは、行きたいと思うものは「いつからいつまで、あの場所でやるのか」と思いながら眺め、なんとなく自分の予定と照らし合わせて、頭の片隅にインプット。だから数多い郵便物は仕分けした後も溜まっていくことはありません。

テーブルの上を物置にしないのは、テーブルは食事をする場所だから。とはいえ、そこで仕事をすることもあるので、せめて、使ったらそのままにせずにしたいと思っています。書類や郵便物を端によせて食事、なんていうのはやっぱり気持ちがよくないものです。

仕事をするとテーブルの上はあれこれ細々としたものが散乱します。

紙物、クリップ、資料やペンなど。それらを元に戻すことまでが仕事と思って、さっと片付けます。それができるようにするには、ざっくりと仕分けする箱があると便利（p.35）。片付けが苦手な私でもざっくりなら、できます。本当の片付けにはなっていないのかもしれないけれど、ひと箱ずつ物の行き場があってそれを元に戻せばＯＫ。そのざっくりで部屋がすっきりするならば、その方がいい！　と、ずいぶんと自分勝手な解釈ですが……。ざっくりでもグループで収まっていれば、あれはどこに行ったかな？　ということにはならないから、それでいいことにしています。そして時間がある時や気が向いた時に、その中を片付ければいいという、ざっくり収納のゆるいルールが、私の片付けを手助けしてくれているのです。

PASTRY SHOP

ごみ箱、ティッシュ、綿棒の話

ごみ箱もティッシュも部屋ごとに、ひとつずつあった実家。きっとどの家もそれって当たり前の光景なのかもしれません。でも、ごみ箱が部屋にあるってあまりきれいではないような……。部屋の片隅にある汚いもの。

「うーん、やっぱり嫌だなあ。極力、減らしたい」。

今、我が家のティッシュは家にひとつ、ごみ箱はキッチンにフタ付きのものと洗面所に小さなカゴがひとつだけ。意外にも、これで十分やっていけます。どうしても必要な時は買い物の紙袋をごみ箱にします。この買い物袋のストックも数枚だけで、用が済んだらすぐに袋ごとキッチンのごみ箱へ。溜め込まないということはどんなことでも、暮らしの中で大事なことのように思うのです。

ティッシュも色柄の箱がどうも嫌で、だからといってティッシュケースを使うのも清潔さがなくて、どうにも気が進みません。だったら白い箱のシンプルなものひとつで十分というのがここ数年の結論です。部屋をすっきり見せたいのであれば、やはり色を統一したり、物自体の数を減らすのが一番です。

また、洗面所まわりもクリームや綿棒、コットンなど、毎日使う物がたくさんある場所だけれど、必要な物だけ置くようにしています。ボトルや箱をそのまま見えないように押し込むよりも、使いやすいように工夫しながらすっきりと清潔にしておきたい。

CASHMERE.
scottie

CASA FONDATA
NEL 1612
ROSE WATER

たとえば、綿棒の箱をそのまま使わずに、1〜2日で使う本数を小さなグラスに入れておく。ほんの少しのことだけれどズボラな感じがしないし、毎日使うからこそきれいにしておきたい場所に目を配っているような、そこに空気がちゃんと流れているように思えて、使うたびにきれいにしておこうという気持ちになります。

ごみ箱もティッシュも、何もかも手の届く身近なところにあったらそれは便利かもしれないけれど、なくたってやっていけることもあります。

当たり前の光景は、もしかしたら自分の生活には当たり前じゃなくていいこともあるのかもしれません。

じつは、我が家には電子レンジも炊飯器もありません。あればあったでもちろん便利でしょう。でも、今の私の生活ではなくても十分。

当たり前になっているものも、今の自分の生活に本当に必要かどうか、
一度見直してみるのもいいかもしれません。

洗濯と掃除

家事の中で得意なものと不得意なものがあるとしたら、得意なのは掃除、不得意は洗濯。得意といった掃除もじつは、エイヤー！　と気合を入れないとダメな時もあって、掃除より片付けの方が気合を入れることもなく、気がつけば片付けをしているといった感じ。

そう、一緒と思われがちな掃除と片付け、じつは違うのです。それを切り離して考えた方がもしかしたら部屋がきれいに保てるかもしれません。

掃除をするには片付けをしなくてはいけないと、ふたつのことをい

っぺんにやるから、不得意な人には大変になるわけで、私はもっぱら片付け優先。いつも、いつも掃除をしているわけではないのに、「いつ来てもすっきりきれいね！」と訪ねてくる友人たちが言ってくれます。片付いているときれいに見えて、まるで掃除を毎日しているように見えるのかもしれません。

片付けをしたら、気になるところは得意の拭き掃除だけはします。それも入念にでもなく、さっとだけでいいのです。一枚の布で部屋の高いところ、汚れの少ないところから拭いて最後に床や窓のサンやごみ箱を拭いて、おしまい。その布はボロボロになったキッチンクロスやふきん。大きな布バッグに入れて掃除道具と一緒にストックしています（p.43）。

捨ててしまう前にいろいろなところを拭いて、さよならするというわけ。布は使う時にハサミでチョキチョキ。使う分（捨てる分）だけカットして、最大限に使って終わりにします。また、汚れのひどいところの拭き掃除や漂白をする時などはゴム手袋を使用（p.43）。気が進まない時も気分が上がるように、ちょっとでもかわいいものを選ぶようにしています。

さてさて、洗濯はというと……。カゴはふたつに分けています（p.47）。上着用と、靴下とバスマット用。タオル類は洗濯機に入れてすぐに洗濯してしまいます。カゴを分けておけば、いざ洗濯する時に分類に手間取ることがありません。

でも本当は、色柄物用のカゴを作らなくては、なんですけれどね……。たまにうっかり白いシャツがうっすら染まってしまうなんていう失敗も。洗濯は毎日しています。洗うことは（洗うのは洗濯機ですが）好きなのですが、畳むというのがどういうわけかいつまで経っても「好き」になれずにいます。何か「好き」になれるきっかけがあればいいなと思っているのですけれど。

1章のまとめ

○部屋をととのえて、「家事モード」から「仕事モード」へ切り替える。
○季節の果物は保存もかねて、リビングに飾る。
○家具は古いものも、メンテナンスして大切に使う。
○部屋に置いておく必要があるもの・ないものをたまに見直してみる。
○「掃除」と「片付け」は別として考える。

Information

p.26
家具
DOUGUYA
http://www.demodedogu.com/

p.43
ゴム手袋
マリーゴールドフィットネス
オカモト株式会社
http://www.okamoto-inc.jp/index.html

p.47
洗濯用洗剤
AlmaWin ランドリーリキッドクリナッツ
衣類のリンス
AlmaWin ランドリーパフューム
日本グリーンパックス株式会社
http://www.greenpacks.co.jp/

第2章 キッチンまわりのこと

シンクにあるものは簡素に

キッチンのシンクには、あれこれとあまり物を置かないようにしたいものです。

だって、そこは汚れたお皿や鍋を洗ったり、きれいな水をくんだり、野菜を洗ったりするところだから。食器を洗うスポンジ1個、それだけあればいいと思うのです。掃除をする道具は別のところにしまってあります。

スポンジも最小限のスペースで置いておけるのがベスト。たわしや洗剤のボトルが置けるようなラックは、そこに小さなゴミが溜まったり、油汚れがついたりして、清潔感がありません。スポンジは、使うたびに洗剤をきれいに流してギュッと絞って乾かすように挟んでおきます(p.54下)。

洗剤も、なんていうことない白いボトルのもの(p.54上)。ラベルがあるものは剥がします。シンクにはいつもボトルはひとつだけ。スプレータイプのものはシンクやコンロに使う重曹スプレーで、掃除の時だけ持ってきます。このボトルもラベルは剥がして、詰め替えをしています。食器を洗う洗剤、シンクやコンロを拭く洗剤と、用途はシンプルなのでラベルがついている必要もなく、その方が置いてあっても目にうるさくありませんよね。

スポンジをはじめ、ふきんも白いものにしています(p.55)。すぐに汚れてしまうし、汚れが目立ってしまうのでは? と思われるかもしれ

ませんが、その汚れがわかる方がいいのです。濃い色のものや柄物などは汚れが目立たない分、汚いままずっと使ってしまうことにもなりかねません。白は汚れたらすぐに洗う、汚れが見えるからすぐに洗える、というわけです。なのであえて白いものを使っています。

スポンジもふきんも、何より清潔にしておきたいものです。ふきんは、繰り返し使っているといずれはボロボロになりますね。いつでも清潔を保てるように、また、心おきなく使えるように、買い置きも用意しておきます。シンクまわりのものは簡素で清潔感のあるものが一番です。

調味料の瓶も、コンロも拭きながら

料理上手とはおいしい料理が作れるだけではなく、手際のよさも含まれているように思います。「段取りがいい」と「手際がいい」は、似ているけれど、段取りはまた一歩先のこと。手際よく料理をしてなおかつ、段取りがよければ料理ができあがった時には片付けも終わっているという、それが理想的な料理上手。

以前、撮影の時に、ある編集の方に「片付けながら料理をするのが渡辺さんの特徴ですね」と言われたことがありました。自分では特に気にしていなかった分、当たり前のことではないのかな？　と思った

CLOCK
CANCEL
Magic Chef

ことを覚えています。でも言われてみれば、確かに。下拵《ごしら》えしたものが入っていたボウルが空になったらさっと洗い、シンクについた水をふきんで拭く。そしてフライパンで炒め物をしながらもコンロのまわりにはねた油をさっと水拭きして、と。

また汚れるのになぜ？　とも思うのですが、料理をしながらも、隙あらば手にはふきんを持って拭き拭き……。使った道具もシンクに溜まっていくと、どちらかというとイライラにも似ている落ち着きのない気持ちになってきます。鍋を火にしばらくかけておく隙に自分でも驚きのスピードで、ざざざっと洗い物をしていきます。何せ料理の合間ですから、のんびり悠長にしているわけにはいきません。そう、これも撮影の時に編集の方に言われたことですが、「ムダな動きしませんね」って。仕事柄、のんびり料理をするというよりは段取りよく料理をすることが優先されるので、そのクセが身についてしまっているのかもしれません。

料理ができあがった時にある程度キッチンが片付いていれば、食事の後片付けも億劫《おっくう》にならずに済みます。コンロのまわりはさっと拭いてありますが、食後の片付けでは食器洗いの勢いのまま、毎日ゴトクも洗ってコンロもかたく絞《しぼ》った熱いふきんで拭きます。焦げなど汚れがひどい時は液体の重曹をスプレーして磨きます、それだけです。常に拭いていれば汚れもこびりつかない。だから片付け、掃除もそれほど大ごとにはなりません。そして使った調味料もしまう前にかたく絞ったふきんで瓶の口や液だれしたまわりを拭いてからしまいます。なんでもその時にキュッキュッと拭くクセをつけると、いつもの片付けがラクチンです。片付けも料理上手の条件に入れましょう！

キッチンツールは素材ごとに

キッチンが使いやすいということは、動きやすい、作業しやすいということ。料理をするための作業台が物であふれていては動きにくいし、作業しにくいということにもなってしまいます。料理をおいしく手際よく作るためには段取りが何より大事です。限られたスペースを使いやすくするには、使用頻度の少ない道具がスペースを陣取っていないか、定期的に見直すと、道具の配置や必要なものがわかってきます。

広いキッチンで収納も充実していればいいけれど、なかなかそうはいかないもの。我が家もキッチンは備え付けで限られたスペースだから、食器や道具の収納は常にやりくりしています。最近、食器もあまり増やしていないのは、収納がそろそろ限界を迎えているというのもひとつの理由になっています。

収納の悩みのひとつにツール類をどうしまうか、ということがあります。引き出しが少ないキッチンで、レードルや泡立て器、フライ返しや菜箸《さいばし》などをどうしておくとすっきり収納でき、かつ使いやすいか。重たい鍋などもそうですが、しまいこんで使わなくなってしまったら元も子もありません。

料理をしている最中に一番、あれこれと使うツール類。料理は段取りが肝心だから、炒めたり、混ぜたり、取り出したりと、最終的に一番大事なところで登場します。今のキッチンではガス台から手の届くところに立てて収納しています（p.62）。こうすれば作業スペースは確保されたまま、たくさんのキッチンツールが使いやすいところにありながら、収まります。

作業効率を考えて、菜箸や木べらなど木のもので、ひとつに。レードルや味見用のスプーンなどのステンレスのさじ類はひとまとめに。それ以外のフライ返しや泡立て器などのステンレスのものはもうひとつ別の入れ物に。

こうしておくと、仕上げに味見をしたい時なども慌ててスプーンをがちゃがちゃ探すことも、アツアツのできあがったものをさっと盛りつけたい時にレードルを探すことも、揚げ物を返したい時に菜箸を探したりすることも、ないのです。引き出しにしまっておくより使いやすく、スムーズに使えるようにさらに仕分けをしておくと、料理の完成までの段取りが最後までうまくいきます。
キッチンでは動きにムダがないように、そして使いやすさを常に心がけたいものです。

食器、木のもの、鍋はしっかり乾かしてから

以前、湿気の多い古い一軒家に住んでいたからでしょうか？　湿気に対して過敏なところがあります。暑い時期に旅行から戻った時、家のそこかしこから何やらモヤッとした怪しげな空気が出ていたことがあります。家中のカゴはうっすら白く、台所にある木製の四角や丸いトレーは輪郭がぼんやり。うううー、これはまさしくカビ。洗って乾かしてもなんだかきれいになった気がしませんでした。楽しかった旅の衝撃の結末でした。

それからというもの、湿気対策は徹底するようになりました。マン

ション暮らしをしている今、湿気やカビとは縁遠くなりましたが、食器棚にしまう前には念には念を入れてカラッとさせてからと決めています。

和食器は洗って拭いても湿気まではすぐに取れません。底にじんわりと水分が溜まっているようで、そのまま重ねて棚へしまうと湿気が重なっていくように感じます。だから、夜の食事に使った和食器は拭いてから、しまわずに広げておきます（p.70）。すると、翌朝キッチンで広げておいた夜の食器が朝陽をあびて気持ちよさそうなのです。起き抜けにお湯を沸かしながら食器を棚にしまうのが日課となっています。

もうひとつ、木べらやまな板などの木のものは、湿気に加えてにおいも気になります。そのまましまってしまうと知らず知らずに黒いテンテンが……！　なんてことにもなりかねません。使い終わったら、

水気はちゃんと拭いてから窓辺に干します（p.71）。これも太陽の光をあびて乾いていく様子が気持ちいいのです。

お鍋も洗って拭いたらすぐにフタをしないようにしています。フタをしてしまうとホラ、見えなかった湿気がぼんやりとこもるような気がしませんか？　においも気になるのでしばらく開けておきます。食器も木のものも、お鍋も使うたびにしっかりと乾かして、サラサラとした感触になってからしまうようにしています。

保存容器やボウルは揃える

下拵えした素材やたっぷりとっただし、時にはちょっと残ったおかずなどを収めておくのは琺瑯《ほうろう》の保存容器と決めています。琺瑯はいいことずくめ。プラスチックのような素材だと、使っていくうちに隅っこのベタつきがどうしても気になってしまいます。その点、琺瑯は表面がガラス質なので油分の多いものを入れて洗った時にもツルンときれいに保てます。小さめの容器に入れたソースなどはフタを取れば、直火《じかび》にかけることもできるのでとても便利。

定番として愛用している保存容器はすべて「野田琺瑯」のものです。

ホワイトシリーズと呼ばれる白の琺瑯容器は、たくさんのサイズが展開されています。そう、保存容器はサイズがけっこう大事なんです。小さいものは何かと登場回数も多く、平らなものがほしい時もあります。野田琺瑯はこのサイズ感が抜群！　こういうサイズがあったらというのがピタッとあって使うたびにそれを実感します。実際に主婦の目線で日々家族のために料理をしている中で必要なサイズを商品に展開していると聞き、納得でした。小さくて深い四角のものにはちりめんじゃこやごまなど、買ってきた袋物をすぐに入れ替えます。丸形はハムがちょうどよく入るサイズからだんだんと大きくなっていって、作り置きのものもあれこれと入ります。筒状は使いかけの油の保存やだし入れにと、何かと重宝します。白いものは使っている時に（冷蔵庫内でも）きれいに揃って見えるので気分もいいのです。

保存容器と同じように、いろいろなサイズが必要なのがボウルやザル。下拵えの時には欠かせない道具です。たくさん揃えるわけにはいかないかもしれませんが、なるべく小さいものから大きいものまでサイズ別で持っていると、料理の段取りが格段に違ってきます。大は小を兼ねる、ということはボウルに限ってはないと言ってもいいくらい。どちらかといえば、小さいサイズをいくつか使う方が下拵えには便利です。切った野菜のあれこれや漬け込んだ肉などを小さなボウルにそれぞれ素材ごとに入れておいて、最後に炒める、煮るといった仕上げをスムーズにできるようにするための大事な段取りになるわけです。

食事の支度は1品ずつ仕上げていくわけではないので、時間差や同時に仕上げることを目指して数品が同時進行です。下拵えのボウルはある程度の数は、必要不可欠。そしてこれこそが段取りよく仕上げるための心強い道具なのです。

使いやすさもさることながら、保存容器やボウルは収納のことも気になるところ。使わない時にしまってあるスペースの問題。いろいろなメーカーのものを何気なく使っていた時にいつも頭を悩ませていたのが保存容器やボウルの収納でした。大した数ではないのに場所ばかり取られているようで、空間がもったいなくて仕方ありませんでした。でも、同じシリーズで揃えると、特にボウルはたくさんあってもすっきりとして邪魔になりません。保存容器は、本体をサイズごとにスタッキング。フタはサイズの順で立てておけば省スペースで収まります。

保存容器やボウルは使っている時も使わない時も収まりがいいというのが一番。そして、いつでも買い足せる定番という安心感も日用品の大事なポイントです。

空き瓶はとっておく

いつからでしょうか？　食べ終わったジャムやはちみつの瓶をとっておくようになったのは。空き瓶は形もバラバラだし、フタの色も違うから「いらない」と思っていたはずなのに。どこかで自分の中の決まりごとをゆるめた時があったのだと思います。

食品の瓶はかわいいものも多くて、広口だったりすると、次に何か詰めたいと思った時に便利です。じつは、けっこう空き瓶好きだったのかもしれません。海外旅行ではよくもまあこんな重いものを、と感心されるほど、瓶ほしさに買い込んでいました。もちろんおいしさが優先なのですが、普段から瓶ほしさにジャケ買いならぬフォルム買い？　をしてしまいます。特にジャムは同じフレーバーなら、後から使えるかわいい瓶のものを選んでしまいます。それに食べている間もかわいい方がいいですしね。

ただし、どんなにかわいくてグッときた瓶でもラベルがこびりついて剥がれないものはとっておかないようにしています。ラベルがついたままはさすがに「空き瓶です」という顔をしすぎているようで、使う気がなくなってしまいます。何を詰め替えたか、冷蔵庫の中でわかりづらく、作ったものを友人にお裾分けする時なども、別のラベルがついているというのでは、せっかくの気持ちが半減してしまいます。「ラベルが剥がれますように」と思いながら、いつも空いた瓶を洗うのですが、これがどうして……。このサイズ、このフタ、これがあったら便利なのに、と思う瓶に限ってこれでもかというほど、べったりと頑固なラベルがついていたりします。特に海外のものは瓶もフタもかわいいのに、ラベルが剥がれないということが多くて、瓶好きとしては残念なところ。

季節の作り置きをたくさんした時などは、空き瓶の出番です。使いやすいように小さめの瓶に入れておいたり、長期保存するために大きめの瓶にまとめて詰めておいたりと、いろいろなサイズがある空き瓶ってやっぱり便利。お裾分けに、ここぞとばかりにかわいい瓶に詰めてあげたいような、その瓶がなくなってしまうのは寂しいような気持ちになりながら、我が家の空き瓶は減っては増え、減ってはまた増えの繰り返し。冷蔵庫の中にも作ったものが小さな瓶にあれこれと入っています。その光景はなんだかかわいく、愛おしいのです。

冷蔵庫には空間を

いつでも何が入っているか把握しておきたい冷蔵庫。でも奥の方にいつのものかわからない、なんていうものがありませんか？　冷やしておけば大丈夫！　なんて、なんでもかんでも冷蔵庫に入れてしまって見て見ないふりをしてしまいがち。急に誰かに冷蔵庫を開けられたら困るという気持ちはわかりますが、私はいつ誰に開けられても大丈夫なようにしておきたいと片付けを心がけています。そもそも、冷蔵庫は物を詰めるところではないはずですものね。

冷蔵庫をはじめ、キッチンの作業台もスペースを確保しておくようにしたいものです。まな板を置いて素材を切るスペースはもちろんのこと、切った素材を入れたボウルやバットを置く、ボウルで何かを合わせる、和えるなど、下準備には平台のスペースが必要ですね。そしてできあがった料理を盛りつける時にも。

狭くても少しだけでもそのスペースを作ることからはじめてみましょう。スムーズに作業ができることで効率は上がり、段取りよく料理ができるようになります。そして冷蔵庫の中にも作業台と同じようにスペースを確保します。料理を作っている時に冷蔵庫のその空間がとても役に立ちます。

それは効率よく、料理をおいしく仕上げるための重要なポイントです。私は日頃から冷蔵庫の一段は空けておくようにしています。下拵えした肉や魚などをバットに、和え物やサラダの野菜をボウルに入れて、使うまで冷蔵庫で待機。また、野菜や魚をマリネしておきたい時など、冷やして仕上げるものをサーブする少し前から入れておくようにします。そして、夏は特に、サラダや冷たいスープなどは、サーブするガラスの器も冷やしておくようにしています。

下拵えしたものを入れておくだけではなく、仕上げを手際よく行うために調理途中の段階のものを入れておくこと、また、盛りつける器も冷やしておいた方が、料理がよりおいしくなることなど、冷蔵庫は作業している間に必要な冷えた作業台なのです。

LE CORDON BLEU
CONFIPLUS MYRTILLE
CAPERS

食器棚はシーン別に

我が家のキッチンはコの字型で、振り向けば後ろの作業台に手が届きます。コックピットのような小さめサイズのキッチンには食器棚を置くスペースがありません。その代わり？　とでもいうように、壁面は備え付けの棚で埋め尽くされています。強度的にはやや不安なこともありますが、ここに食器を入れるほかありませんでした。さて、どうやって食器を配置しようかな？　と考えましたが、配置も何も入るものを入れるしかない……。3カ所に分かれ、扉もついています。

2年ほど前の引っ越しを機に、だいぶ食器を整理しましたが、それでも仕事柄、お皿の数はそこそこ、あります。撮影ではキッチンにスタッフが入ることがありますし、食器棚を開けてグラスや食器を取ってもらうこともあります。毎日使う家族はもちろん、スタッフにもわかりやすくしておきたいという視点から食器の分類をしました。

以前は横に長いオープン棚に食器を収納していて、その時は「和食器」と「洋食器」というように大きくふたつに分けていました。オープン棚だったこともあり、誰が見てもわかりやすく、一目瞭然。今の食器棚の分け方は、吊り棚なので重さの心配もあり、「大皿」は唯一の例外として、足元にある棚に入れることにして、3カ所の壁面の吊り棚は「朝ごはん用」「夜ごはん用」「飲み物用」としました。食器の種類で分けるということではなく、使うシーンで分けてみたのです。

そうしたら、これがなんだかスムーズ。朝はこの扉、夜はこの扉と

いうように開ける扉はひとつだけ。

朝の扉（p.91下）には、パン皿やヨーグルトを入れるガラスの器やティーポットやカフェオレボウル。そして茶葉の保存瓶を。夜の扉（p.90）は、小鉢や取り皿、ごはん茶碗やお椀のように和食器をメインに。撮影の時、何か飲みたいというスタッフには「グラスはそこにあるからね！」と、キッチンの入り口一番手前の扉（p.91上）を開けてもらいます。

シーン別の収納は我ながら新しく、試行錯誤しながらも限られた収納スペースを誰にでもわかりやすく分類するいい方法を見つけたと思っています。

重い道具はしまいこまない

決して広いとはいえないキッチンでは、作業するスペースを空けておくことや、たくさんの道具をどう収納しておくかはとても大事な問題です。中でも、大きな鍋やミキサーなど、収納しておく場所をとるものはどうしたらいいか？　というのがいつも悩みのタネ。鍋をしまっておく場所も限られているから、フライパンや大小の鍋が重なっていると奥に入ってしまった鍋はほとんど使わなくなり、ついつい手前のものばかり使ってしまいます。

最近、増えた道具に、ストウブの鍋（p.94）とバイタミックスのミキ

TOTAL NUTRITION CENTER
Vitamix

サー（p.95）があります。どちらも機能は頼もしいけれど、驚くほど重たいのです。使うのが億劫になってしまったら元も子もないので、こういうものは出しておくことにしています。いうなれば、いつでもスタンバイしている状態。

気がつくとストウブの鍋を2～3個使って夕食を作っていることもあったりして、しまっていたら、きっとこうはいかないと思うのです。そこから新しい料理が生まれることもあるので、やっぱり道具って大事だなぁと思います。

ミキサーも出してあれば、朝、「ジュースやポタージュを作ろうかな？」なんて、ふと思えるけれど、しまってあったら「ポタージュを作るからミキサー出さなきゃ」と、なんだか仕方なく……、みたいな気分になってしまうようで楽しくありませんよね。そこにミキサーがあれば、茹でた野菜をミキサーにかけてソースにすることもできるし、煮込んだお肉をペーストにすることもできて、レパートリーが広がるかもしれません。

道具は必要な時に使うものだけれど、料理を道具から発想することができたら、それはまた楽しいものだと思うのです。せっかく手に入れた道具なのだから、どんどん使って、使いこなしていけたらいいですよね。そうできる道具が、自分にとってのいい道具なのだと思います。

だから、重い道具はあえて、しまいこまないことにしています。

長く使える道具

「これ、ちょっと小さかったわよね……」。母が来たある日の夜ごはんに、蒸籠《せいろ》を使った料理を準備していると、懐かしそうに母がつぶやきました。

それは母がちょうど今の私くらいの頃に中華街で買った中華蒸籠（p.102）。7人家族にしては、確かにサイズが少し小さかったかもしれません。それでも、母がこの蒸籠で焼売や中華おこわを作ってくれていたことをよく覚えています。

今や持ち手が取れそうになってしまっているけれど、「この取っ手も修理してもらえるでしょ？」と、母も愛おしそう。使っては乾かし、使っては乾かし、また台所のいつもの場所に収まる。焦げてしまっているところもあるけれど、十分使えますし、新しいものに替える気もありません。

小さな銅のミルクパン（p.103）は、夫がひとり暮らしの時から使っていたもの。聞けば、おばあちゃんが使っていたものなのだそう。「かわいいでしょ？　これ」と、やはり愛おしそうに言いながら、毎朝、カフェオレ用の牛乳を沸かしています。おばあちゃんもきっと毎朝、これで牛乳を沸かしていたのでしょう。

銅の鍋は磨いていないと、だんだんと黒ずんでしまいます。でも、磨けば見違えるようにピカピカになって、手をかければ応えてくれる、それが長く使える道具のよさなのですね。これも持ち手のところが少し焦げてしまっているけれど、そこは長年使っている証のようなもの。日に何度も手にするヤカン。これ（p.103）は、料理家を目指して修業していた時に師匠に譲ってもらったもの。かれこれ20年近く、毎日使っています。

師匠も毎日使っていたわけですから、お湯を沸かしてン十年の活躍選手。オールステンレスの清潔感があり、ありそうでないデザイン。そしてたっぷり沸かせるところが気に入っています。これも注ぎ口の継ぎ目から水漏れしてしまっていたのですが、知り合いに修理をしてもらいました。ヤカンなんていくらでもあるけれど、いまだにこれ以上のものに出合っていません。長く使える道具は、機能はもちろんのこと、修理をしながら使い続けられるというよさがあります。いろいろな人から譲り受けた道具は、思い出とともにまた育っていくものなのかもしれませんね。そして自分で選ぶ道具も、長く使えるということを基準にしていきたいと思っています。

照宝
照宝

2章のまとめ

○日常使いの掃除用具や洗剤は極力シンプルに。
○こまめにちょこっと掃除が効果的。
○食器や道具は、使うたびにきちんとメンテナンス（乾かす）。
○食器の収納は、誰にでもわかりやすいように。
○重い道具はしまわずに、見えるところに置いて毎日のように使う。

Information

p.55

（写真下）
白雪ふきん
株式会社 白雪ふきん
https://www.shirayuki-fukin.com/

p.75

野田琺瑯の容器　White Series
野田琺瑯株式会社
http://www.nodahoro.com/

p.94

ストウブ　鋳物ホーロー鍋
ツヴィリング J．A．ヘンケルスジャパン株式会社
http://www.staub.jp/

p.95

バイタミックス
株式会社アントレックス
http://www.vita-mix.jp/

第3章
食まわりのこと

小さなカップとグラス

　白玉を丸めたり、パンやパスタの生地を丸めたりしていると、ふわっとやわらかくてスベスベしているからか、いつまでも丸めていたくなります。丸いものに弱いのは自覚していましたが、どうやら小さい器も好んでいるようです。気がつけば、同じような小さなカップ（p.110）やグラス（p.111）がたくさん集まっています。「また同じようなもの買うの？　もうたくさん持っているでしょ！」と注意されながら、あれはこうで、これはこうで……なんて、独り言のような言い訳をしながら6個ずつ買ってしまいます。この前も友人のスタイリストが撮影に小さな白い陶器のカップを用意していて、これにポタージュを入れたらすごくかわいくて。「これどこの？」と、さっそくその場でオーダーしてしまったほどです。

そうそう、なんでそんなに小さなカップがいいかって？　まず、コーヒーやお茶を飲むのはもちろんのこと、撮影や食事に人が集まることが多いので、ポットとこの小さなカップをトレーにのせておけば、好きな時に飲んでもらえます。あまり大きなカップではたくさんお茶を用意しても追いつきません。それに大きなカップに入れると仕事やらおしゃべりやらしているうちに冷めてしまったり、そのまま残っていたり。だったら、飲みたい時に小さなカップで温かいまま飲めた方がいいかな、と。そして湯のみでは飲み物に限定されてしまうけれど、カップは使い方を限定しません。ヨーグルトを入れたり、冷たいデザ

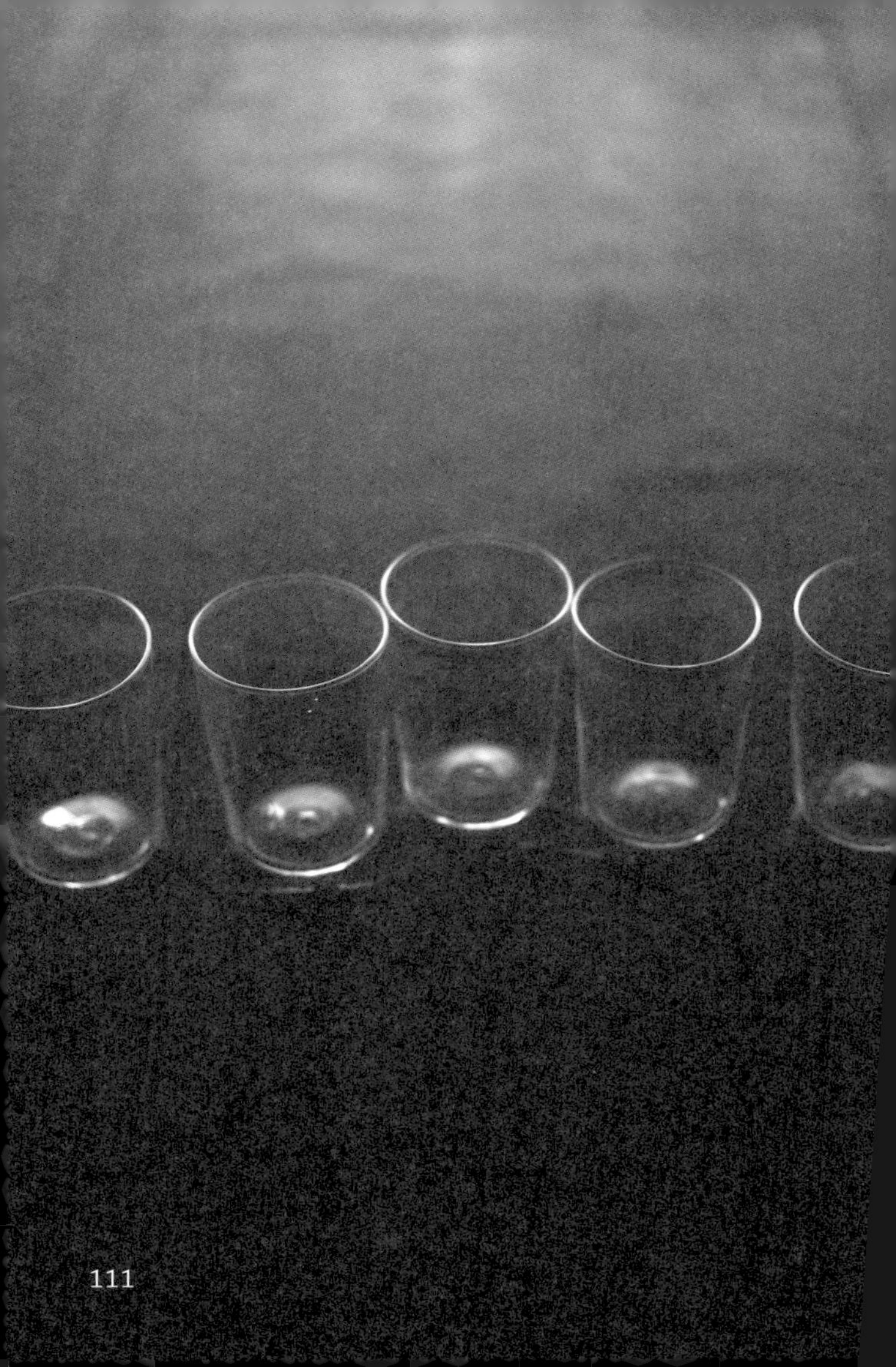

ートを作ったり。ジャムやソースやディップ、ポタージュなどを入れて銘々《めいめい》のプレートにちょこんとのせてもいいですね。

同様に小さなグラスも我が家では大活躍。冷たいお茶や、炭酸水を出す時にはいつもこれ。ちょっと軽くひと口だけワインなんていう時にも。冷たいゼリーやシャリッと凍ったグラニテも似合います。薄くやわらかな手触りの小さなグラスは使い勝手も抜群。カップもグラスもサイズは小さいながら、かなり、頼れる大事な相棒です。小さな器はまたこれからも増えてしまうのでしょうか？

好きなものには弱い。それは仕方ないことかもしれませんね。と、また独り言のような言い訳……。

食器、カトラリーの揃え方

パリをよく旅していた頃、楽しみといえば小さな食堂でごはんを食べたり、マルシェやデパートの食材売り場で野菜や果物を見たり買ったり。そして週末の朝は、蚤の市に出かけるというのがお決まりのコースでした。蚤の市はひとりで出かけても楽しめるのがいいところで、ブラブラと出店を眺めて、気に入ったものがあれば状態を確かめてなんとか値段交渉したり。すんなりとはいかないけれど、そんなやりとりも楽しいもの。

和食器と違って、洋食器は用途、サイズがほぼ決まっています。ケ

ーキ皿のような小さなサイズ、朝食にちょうどいいパン皿、少し深めのスープ皿、ディナーに使うミート皿。銘々で使うものなので4〜6枚は揃うといいなと思うのですが、コンディションがいいものばかりではないので、一度にはなかなか揃いません。でも、それはそれで、出合った時に1枚ずつでも足していく楽しみにもなります。そうやって時間をかけてそろえた洋皿は、どこか微妙に違うものでもサイズが合っているから気になりません。かえってそれぞれに表情があるので、テーブルに並んだ時にも素っ気なくないのです。同じ白でも白さの中に温かみがあるものや、凛とした冷たさがあるものもあり、使う季節を変えて楽しむこともできます。

カトラリーもきれいな形のものを見つけると少しずつ揃えていくというスタイルです。もちろんセットで見つけられれば一番いいですが、フォークだけでも4〜5本揃っていれば買っています。洋皿やカトラリーはそうやって旅の思い出とともに我が家の食器棚に重なっていきます。

和食器はというと、こちらはきっちり5〜6枚の揃いのものを買うようにしています。大皿や盛り鉢は別ですが、銘々で使うようなサイズのものは、たとえ気に入ったものがあっても、もしそれが1枚しかなかったとしたら潔く諦めます。これは経験からですが、1枚を手に入れても結局ほかのものと合わなかったりして、いつしかそのお皿は食器棚の片隅に……。そして目が合うたびに、せめてもう1枚あったらなぁと思ってしまうのです。

何をルールにするかですが、和食器と洋食器の揃え方にはちょっと違いがあると思います。

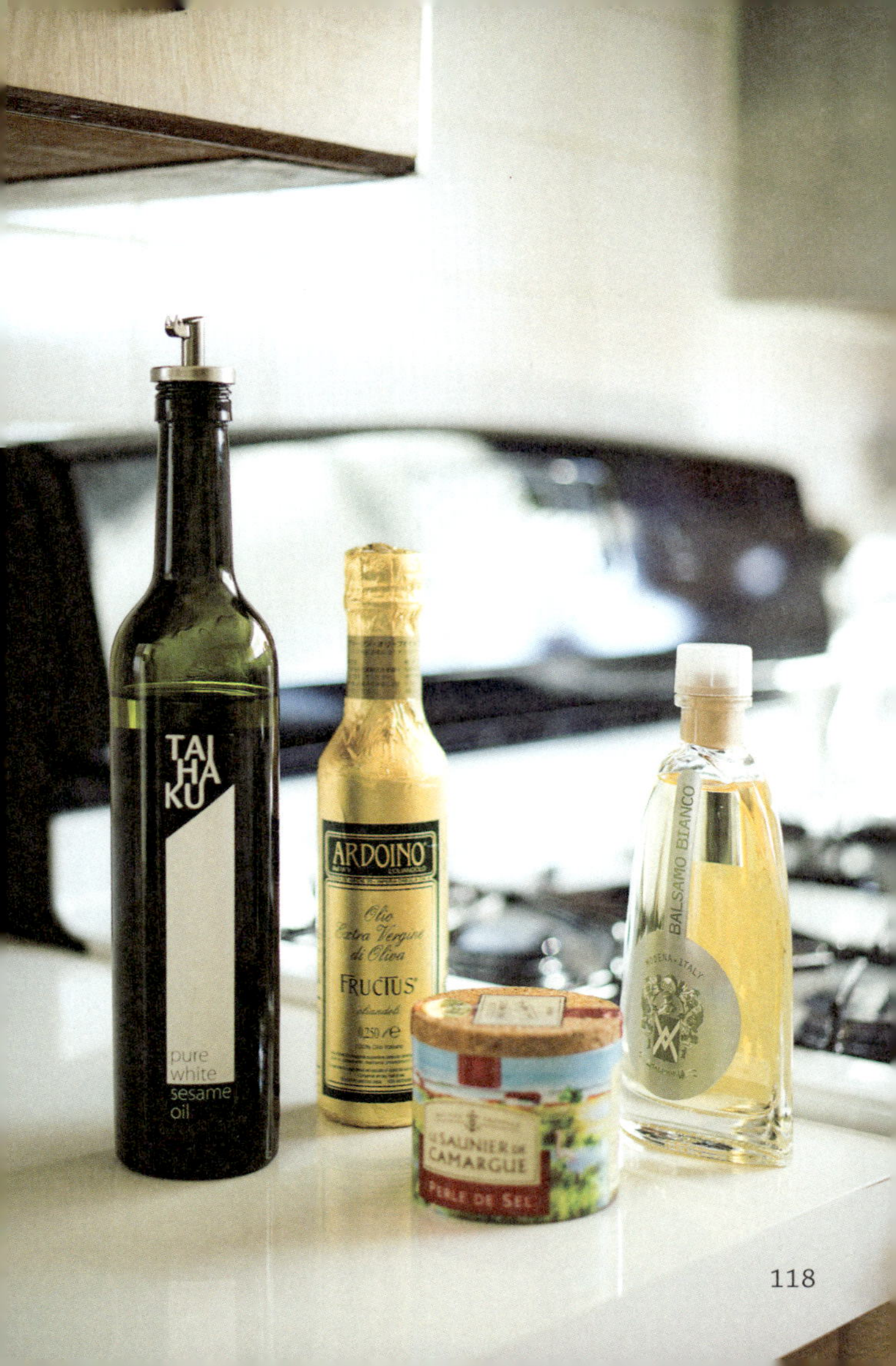
TAI
HA
KU
pure
white
sesame
oil
ARDOINO
Olio
Extra Vergine
di Oliva
FRUCTUS
BALSAMO BIANCO
LE SAUNIER DE
CAMARGUE

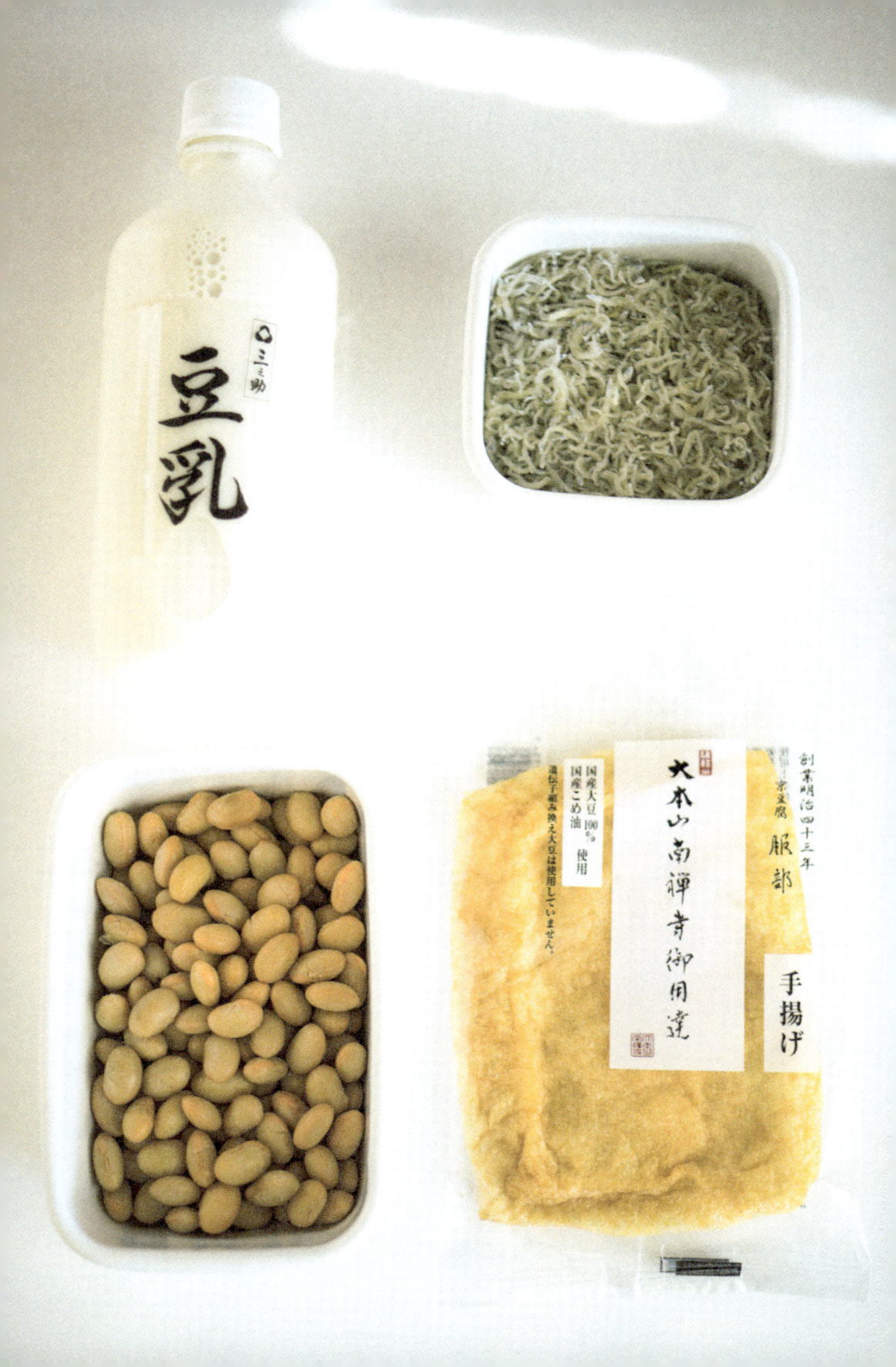
豆乳
大本山南禅寺御用達
国産大豆100% 使用
国産こめ油
遺伝子組み換え大豆は使用していません。
創業明治四十三年
京豆腐 服部
手揚げ

いつもの調味料、便利な常備食材

「どんな料理を作っても、私の料理って茶色いんです」と言っていたのは、以前私の本を担当してくれた女性編集者。聞けば、しょうゆの消費量がすごいらしく、どの料理にもついついしょうゆを入れてしまうのだとか。私は何がベースかな？　と考えてみると、なんでもかんでもといっていいほどにいつも塩。和え物や前菜のようなものにオリーブオイルに塩、ごま油に塩。煮物もベースはお酒と塩。

塩は旅先で買うことも多いけれど、定番はフランス産のカマルグの粗塩と国産のキメの細かい塩のふたつを使い分けています。粗塩は下拵えで味を引き出したい時や塩を食感として残したい時の仕上げに。キメの細かい国産のものはおむすびや焼き魚の下塩、スープなどの仕上げに味をととのえる時に。そして、塩に次ぐ定番調味料はオイル。オリーブオイルとごま油。オリーブオイルも繰り返し使っているものはフルーティな香りと味わいがあるもの。でも、種類が多いので気になるものを試して好みのものを常に探している状態です。オリーブオイルと並んでよく使うのがごま油で、香りの高い濃厚なものは和え物やタレ作りには欠かせません。でも最近は、香りがほとんどなく、サラッとしてオリーブオイルと同じ感覚で使える太白胡麻油も好んで使っています。また白といえば、バルサミコ酢も近頃は白。色がつかず、ほのかな酸味と甘みでサラダやマリネなどに重宝します。夏には氷と水で割ってドリンクにも。だるい体がシャキッとします。

また、常備していて便利だなと思う食材は、気がつけば大豆製品がほとんど。それとちりめんじゃこ。どれも乾物ほど日持ちはしませんが、一週間前後は持つものばかり。そのくらいの「常備」が私にはちょうどいい感じです。大豆製品は一品足したいなと思った時のお助け食材。豆乳はかつおだしと合わせてスープに、蒸し大豆は小松菜やほうれん草とバターで炒めて、油揚げに至っては焼く、煮る、和える、いかようにでもなってもらう、ひっぱりだこ。大豆は味は控えめだけど旨味、栄養、満足感があって常備食材には欠かせない存在です。そうそう、ちりめんじゃこもごはんや和え物、炒め物、煮物、なんにでも使えて塩気も旨味も増すというこちらも縁の下の力持ち。大豆に負けないくらい、いつも助けてもらっています。

買い物はその日ごとに

撮影の仕事が終わって一段落したら、ちょっと気分転換も兼ねて夕食の買い物に出ます。歩いて行けるいつものスーパーへ行く時もあれば、車で出てほかの用事も済ませながら普段行かないスーパーへ寄ってあれこれと物色しながら比較検討してみたり。撮影の食材を買うのはたいてい早い時間帯で、そのことだけに集中しているので、その晩のおかずを考える頭にならないことがほとんど。仕事が終わって家のことだけになると、ようやく今晩のおかずは何にしようか？　と、頭を巡らせるのです。

まずは野菜をざっと見て目に留まったものを手にします。それはその時の気分、その時に食べたいと欲しているもの。それがメインに使いたいようなボリュームのある野菜なら一緒に合わせる肉や魚を選びます。野菜が葉野菜のような副菜のものだったらそれはそれでひとつ置いておき、肉と魚をメインにして献立を考えていきます。野菜コーナーをひと通り見たら次は魚売り場へ。新鮮でおいしそうなものが目に留まったらその日のメインは魚に決まり！　気の進むものがない時は、その日のメインは肉にします。もちろん、4日も5日も魚ばかり続くということはないように、ですが……。そしてざっと献立が決まったら、家にある野菜を思い出しながらもう一度、野菜売り場で今晩使いたいものを見つけます。家にあるものもありますから、毎日すべての材料を買うわけではありません。ただ、メインとなるものをその日ごとに買うというのが私の中での決まり。もちろん、人それぞれのやり方があるとは思いますが、私の場合は仕事で買わなきゃいけない食材から解放（おおげさ！）されて、なんの制約もない中で食材を眺めて「何を食べよう？」「何を作ろう？」と思うだけで気分転換に。フラットな目で見ていると「今度、この食材使ってみようかな？」と、新しい組み合わせを思いついたり。そんなふうに結局、仕事の頭にもなっていますが……。

その日に、その時に、食べたいと思ったものを食べる、その日に目で見て、新鮮でおいしそうなものを使いたいと思っています。その時の「おいしそう！」と思う自分の目とその気持ちを大切に。そうすると、夕食の支度を嫌々するということもない、というオマケもついてきます。

餃子皮

p.126
p.127

豆苗の水餃子

材料（2人分）

豚ひき肉……120g
豆苗……40g
香菜……1枝分

A
しょうがしぼり汁……大1かけ分
紹興酒……小さじ2
粗塩……適量
きび砂糖……小さじ1/4
太白胡麻油……小さじ1

餃子の皮……20枚
香菜の根……1枝分
しょうが（薄切り）……2かけ分

①豆苗、香菜は細かく刻む。
②①とひき肉を合わせてAを加えてよく練る。
③餃子の皮の中央に②を適量のせて包む。
④鍋にたっぷりの湯を沸かし、香菜の根としょうがを加えて③を半量ずつ茹でる。浮いてきてからさらに1分ほど茹でる。
⑤茹で汁とともに器に盛り、好みのタレを添える。

トマト卵炒め

材料（2人分）

トマト……1個
卵……2個
かつおだし……大さじ1・1/2
塩、黒こしょう……各適量
太白胡麻油……大さじ1

①トマトはひとくち大に切る。
②卵を割りほぐし塩、黒こしょう、かつおだしをよく混ぜる。
③フライパンに太白胡麻油を熱し、①をさっと炒めたら②を流し入れ、木べらで全体を混ぜ、ふわりとしてきたら火を止める。

砂肝のオイスターソース煮

材料（2人分）

鶏砂肝……240g

しょうが（薄切り）……2かけ分

A
- オイスターソース……小さじ2
- 酒……小さじ2
- しょうゆ……小さじ1
- きび砂糖……小さじ$1/2$

ローリエ……1枚

ごま油……小さじ1

①砂肝はよく洗い、水に20分ほどつけてから水気をきる。大きければ半分に切る。

②①としょうが、A、ローリエを入れて混ぜ、20分以上、漬けておく。

③小鍋にごま油を熱し、②を漬け汁ごと入れてフタをし、中火弱で汁気が少なくなるまで時々混ぜながら、蒸し煮する。

いんげんのくるみ和え

材料（2人分）

いんげん……20本

くるみ……30g

きび砂糖……小さじ1

しょうゆ……小さじ1

①いんげんは茹でてザルに広げて冷まし、長さ半分に切ってさらに縦にさく。くるみは粗めに刻む。

②①をボウルに合わせて、きび砂糖、しょうゆをふって和える。

Cumin

ある日の献立メニュー②
p.130
p.131

アサリと菜の花蒸し

材料（2人分）

アサリ（殻付き）……250g
菜の花……1束
にんにく……$\frac{1}{2}$かけ
赤唐辛子……2本
白ワイン……大さじ2
オリーブオイル……大さじ1

①アサリは砂出しして、殻をよく洗う。菜の花は半分の長さに切る。にんにくはつぶす。赤唐辛子は斜めに切る。
②鍋に①とオリーブオイル、白ワインを注ぎ、フタをして中火弱にかけて5～6分蒸す。
③アサリが開いたら、全体にざっと混ぜ、味をみて足りなければ塩（分量外）で味をととのえる。

芝えびの山椒揚げ

材料（2人分）

芝えび……140g
片栗粉……大さじ2
粉山椒……適量
冷水……適量
揚げ油……適量
粗塩……適量

①芝えびを洗い水気を拭き、片栗粉と粉山椒をふって全体を混ぜ、冷水を加えてざっと混ぜる。
②フライパンなどに浅めに揚げ油を注いで熱し、芝えびを中温でカラリと揚げる。油をよくきり、粗塩をふる。

スナップえんどうの白和え

材料（2人分）

スナップえんどう……10本
絹豆腐……100g
白練りゴマ……大さじ1・1/2
きび砂糖……小さじ1
薄口しょうゆ……小さじ1/2
塩……少々

①豆腐はペーパーに包み、しばらくおいて水気をしっかりきる。
②①を木べらなどでよくつぶし、調味料を入れ、なめらかになるまで混ぜる。
③スナップえんどうは筋を取り、塩（分量外）を加えた湯で2分ほど茹でてザルに広げて冷まし、半分にさいて水気をペーパーでおさえ、さらに斜め半分に切る。
④②の和え衣で和える。

レンコンのクミン炒め

材料（2人分）

レンコン……250g
かつおだし……60mℓ
クミンパウダー……小さじ1/6
粗塩……適量
ごま油……小さじ2

①レンコンは皮を剥き長さ半分に切り、縦に棒状に切る。酢水（分量外）にさらしてから水気をきる。
②フライパンにごま油を熱し、①をよく炒め、クミンパウダー、粗塩をふり、かつおだしを加えて汁気が少なくなるまで、炒める。

STAUB

あまり野菜はスープに

ひとつ使い切りたいと思っていても、冷蔵庫には野菜のかけらやはじっこがどうしても残ってしまいます。にんじんの半分、玉ねぎの半分、セロリの上の方、小松菜の2～3茎、ズッキーニ半分に、ミニトマト数個……。

何か料理に使わなきゃ！　と思いながらも見ないふりをしていると、たちまち野菜は傷んでいってしまいます。そんなことを繰り返すうち、残った野菜はまとめてスープにすればいいんだ、と思いついて、それから気持ちがストン！　と楽になりました。

セロリ、玉ねぎ、トマト、にんじん、カブ……。そんな野菜が残っていたら、小さく刻んでミネストローネのようなスープ（p.134）にしてみましょう。堅苦しいことはなしで、刻みながらどんどん鍋に放り込んでしまいます。ベーコンも少し残っていたら入れちゃいます。

ローリエの葉っぱを1枚と粗塩をふたつまみ、オリーブオイルをタラリとまわし入れたらフタをして弱火にかけます。そのまましばらく蒸していると野菜からじんわりエキスが出てきます。

野菜のエキスをしっかりもらうため、じっと待つことだけがこのスープの大切なところ。じんわり旨味が出てきたら、スープに必要な分の水を加えてまたフタをしてじっくり煮ます。塩で味をととのえたら、食べる時にこしょうとオリーブオイルをまわしかけて香りづけ。これにカリッと焼いたパンがあれば、まるで誂《あつら》えたメインの皿になりそうな出来ばえです。

ほうれん草やパセリ、長ねぎなどが残っていたら、グリーンのポタージュ（p.135）にしてみるのもいいですね。あるもの全部をオリーブオイルで蒸して、やっぱりこれも野菜のおいしいエキスを引き出します。それからほんの少しスパイスを効かせて塩と水分を加えて火を通し、ミキサーにかけます。その色は、まるで毛糸のように温かな色味にまとまって、できあがった色にはもう二度と出合えないかもしれません。そう思えたら料理はおもしろい！

できあがる味もいつも違う一期一会の世界だから、鍋をかき混ぜながら「うっふふふっ」と思ってしまうのです。魔女にでもなったような気分で鍋をのぞき込むと、野菜のかけらはもうただの残りものではなくなっています。

この楽しみがあるから、私はこれからも野菜のかけらで魔法のスープを作り続けていくのだろうなと思います。

シンプルな定番レシピ

我が家は主菜の定番がありません。その時々で食材の組み合わせや即興で作ってしまうことがほとんどだから。カレーや餃子や春巻のようなものもいつも同じではなく、その時々で具材が変わり、なかなか定番というものになりません。思いがけない組み合わせのおいしさや、あるものでやってみたら新しい味が生まれるということがあります。

これだけは繰り返し作っているという副菜が「ブロッコリーとじゃこの和え物」(p.142)と「あんかけ茶碗蒸し」(p.143)。このふたつは、困った時のお助けおかずになっています。

ブロッコリーの和え物は、じゃこや海苔、ごまといった常備素材が役立って、ブロッコリーは副菜としてはボリュームが出るという一品。あんかけ茶碗蒸しは、具材なしのとろりとしたシンプルな茶碗蒸しなのですが、これも卵とだしさえあればできるというお手軽さ。それに加えて寒い時には温まるし、やさしい食感や味でちょっと具合が悪い時にももってこいのお助けおかずです。この先、定番になるものは、おそらく常備している食材を組み合わせたものになりそうです。そのほかは、その時その時の即興を楽しみたいと思っています。

ブロッコリーとじゃこの和え物

材料（2～3人分）

ブロッコリー……小1個

ちりめんじゃこ……大さじ3

韓国海苔（ちぎる）……1/2枚分

白すりごま……大さじ1

ごま油……大さじ2～2・1/2

粗塩……適量

①ブロッコリーは小房にして、芯は皮を厚めに剥き縦に薄切りにする。たっぷりの湯で2分ほど塩茹でする。ザルに広げてそのまま冷ます。

②ボウルに①とじゃこを入れ、ごま油をまわしかけ、海苔とごまも加えてざっと混ぜ、粗塩で味をととのえる。

あんかけ茶碗蒸し

材料（2人分）

卵……1個

A
- かつおだし……200mℓ
（冷ましたもの）
- みりん……小さじ1
- 薄口しょうゆ……小さじ1/2
- 塩……ふたつまみ

B
- 昆布かつおだし……150mℓ
- みりん……小さじ1/2
- 薄口しょうゆ……小さじ1/2
- 塩……ひとつまみ

片栗粉……小さじ2

穂じそ……適量

①ボウルに卵を割りほぐし、Aを加えてゆっくり混ぜ、濾《こ》して、しばらくおいておく。

②器に①を静かに注ぎ、フタをする。

③蒸気のあがった蒸し器の火を止め、②をのせてぬれふきんで包んだフタをしっかりして強火にして1分。ごくごく弱火にして25分蒸す。

④小鍋にBをひと煮たちさせ、倍量の水で溶いた片栗粉を流し入れよく火を通し、とじる。

⑤③に④をかけ、穂じそをのせる。

さっと出せる前菜のアイデア

友人たちと外で食事もたまにはいいけれど、ゆっくり話をしたり、その時間を心地よく過ごしたいと思うと、家でのごはんが一番です。「ごはん会」と称していろいろな季節に友人たちがやって来ます。お招きというほどかしこまったものではなく、来てくれた友人も洗い物をしてくれたり、ちょっと手伝ってくれたり。そんな雰囲気が家で食卓を囲むよさでもあります。

とはいえ、立ったり座ったりと落ち着かないのでは、せっかくの話もゆっくりできません。まずは乾杯！　の時にさっと出せる前菜があれば、自分も楽しめます。

そんな前菜を何にしようかと考える時、まずは季節を意識するといいですね。今おいしいもの、旬のものを出すというのはひとつのおもてなしになると思います。

そしてちょっと普段の食卓では出ないような組み合わせを考えてみたり、果物を前菜に取り入れると、見た目も華やかになります。いつもより少し大胆なものに挑戦してみるというのもいいものです。

そして、冷たいものばかりではなく温かい前菜もあるといいですね。たとえば、季節のものを素揚げするだけでもいいのです。

秋から初冬なら、ぎんなんや小さなくわいをさっと素揚げして粗塩をふって……、真冬には芽キャベツやカリフラワーを揚げるのもオススメ。お酒が進むこと間違いなしです。

素揚げやフリットなどは季節を閉じ込めやすいかもしれません。揚げ物が面倒、というのはあるかもしれませんが、フライパンに少しの油でも揚げ物は十分できます。

また、春はいちごやラズベリー、グレープフルーツ、秋には柿や洋梨などの果物が野菜やお刺身などの魚介と合わせやすく、果物を料理に使えるのが前菜のいいところ。

そしていつもとはちょっと違う色味の野菜を使ってみるのもおもしろいものです。

黄色いにんじんや赤い大根、カブなどを薄切りにしてマリネのようにしておくだけでも華やかな一品に。

いつもはごまで和えているものをナッツにしただけでも、ちょっとおもてなし感が出ます。

かけたり、和えたりするのではなく、お皿に敷いてみる。そういう盛りつけの工夫次第でおもてなしの前菜になります。

赤大根とフルーツにんじんのマリネサラダ

材料（作りやすい分量）
赤大根……1/3本
フルーツにんじん……小1本
塩……小さじ1/4
白バルサミコ酢……大さじ1
オリーブオイル……大さじ1/2

①赤大根は4等分の薄切りにする。フルーツにんじんは薄い輪切りにする。
②①をボウルに合わせ塩をふってなじませてから白バルサミコ酢を加え、さらになじんだらオリーブオイルを加えて混ぜ、冷蔵庫で冷やす。

カンパチといちごの前菜

材料（作りやすい分量）

カンパチなど刺身……１６０g

いちご（小粒）……１００g

粗塩……適量

オリーブオイル……大さじ1

穂じそ……適量

①刺身は食べやすい大きさに切る。いちごはヘタを取り、２〜３等分に切る。

②①を盛り合わせ、オリーブオイルをまわしかけ、粗塩をふって、穂じそを散らす。

アボカドとナッツの前菜

材料（作りやすい分量）

アボカド……1個

ミックスナッツ……30g

（アーモンド、ピスタチオ、カシューナッツなど）

オリーブオイル……適量

粗塩……適量

①ナッツは細かく刻んで皿に敷く。

②アボカドはひとくち大に切って皿に盛り、オリーブオイルと粗塩をふる。

くわいとぎんなんの素揚げ

材料（作りやすい分量）
くわい（小粒）……1パック
ぎんなん……適量（薄皮の状態）
揚げ油……適量
粗塩……適量

①くわいとぎんなんは、それぞれ中温の油で素揚げして、ぎんなんは薄皮を取り除く。
②油をよくきり、粗塩をふる。

季節の仕事

学生の頃は入学や卒業、試験や行事があって、そんなことは意識もしていなかったけれど、ある意味、節目というものがあったように思います。大人になってからはせいぜい年頭に節目というものを意識するくらいです。

とはいえ、日々のことに追われながらもその季節にしておきたいことがあります。

大人になってからの行事というか、自主開催の行事。それは季節の仕事。その時季にしかない素材で保存食を仕込むことです。

代表的なものは、なんといっても梅仕事。青梅が出始める6月上旬から気持ちはソワソワしてきます。梅仕事のために6～7月は休みにして梅とじっくり向き合いたいくらい。もちろんそうはいかないけれど、仕事の合間、合間に時間を作って梅と向き合っています。

青梅からはじまって黄熟の梅になるまでの約1カ月にあれこれと仕込む。梅エキス、梅味噌、梅シロップ、梅酒、梅干し、梅酵素……。

一昨年、梅干しを漬けて70年以上という名人に直々に梅干し作りを習うという機会に恵まれたのですが、なんとていねいなことか、と驚くばかりでした。

そして「これまでやってきて、ひとつとして同じものはできたことがない」という言葉に梅仕事の奥深さを知り、ますます梅の時季が楽しみで仕方ありません。

そしてほかの季節、春には筍をタライのような大鍋で茹で、夏には紅しょうが、実山椒やラッキョウの塩漬け、秋には栗の渋皮煮やペーストを作ったり、カリンをはちみつで漬け込んだり。冬には味噌を仕込み、キンカンや柚子でジャムやシロップを作ります。作っている時の楽しさといったらありません！

季節の保存食は作る楽しさとできあがったものをお裾分けする楽しみがあります。自分で食べる楽しみというよりも、むしろお裾分けしたいがために仕込んでいるようなところも……。まわりにはこういう季節の仕事をしている友人も多く、時に物々交換になることもあって、まるで我が子を自慢しあっているようで、ちょっとおかしくもあります。

そして、まだ試したことのない保存食も、たくさん。春には桜の塩漬けや、冬には柚子こしょうなど。これから、ますます季節の行事が増えていきそうです。

手土産リスト

打ち合わせや撮影の時にいただくことも多い手土産。おいしいもの通はまわりにたくさんいて、ウワサで聞いて食べてみたいと思っていたものや、まったく知らなかったものを味わえるのは嬉しいものです。食べたいと思っても、なかなか買いに行けないものだったりするとなおのこと。私も手土産に選ぶものはそうでありたいと思っています。

奇をてらうことはせず、ただ相手のことを思って、自分がいつもおいしいと食べているもの、そのおいしいものを食べた時の嬉しい気持ちをお裾分けしたいと思うのです。持っていく先の相手のことや状況を考えて、その日中に食べなくてはいけないものは避けるようにしています。

もちろん、みんなで一緒に食べられることがわかっている時は、その日に食べるのが一番おいしいもの、ケーキや和菓子のようなものを選ぶこともあります。ただ、その日のうちに、ということがプレッシャーにならないようにしたいのです。あちこちからいろいろな手土産が届くような仕事先に出向く時にはクッキーなど少し日持ちするもの、と心がけています。

たとえば、「イル・プルー・シュル・ラ・セーヌ」の塩味のクッキー(p.166上)。これはチーズのような塩味が効いていて、ティータイムだけではなく、お酒にも合うので男性にも喜ばれます。甘いものをあまり食べない方に持っていくこともしばしば。

MATTERHORN

そして、「山本道子の店」のマーブルクッキー（p.166下）も本当においしい。チョコレートと抹茶のそれぞれのマーブル模様で薄くて食感がとてもよくて、ティータイムが楽しくなること間違いなし。淡いピンクの缶もかわいくて、女性には特に喜んでもらえる手土産です。

また、誰にでも受け入れてもらえるといえば、切り方が独特でこの薄さがたまらない「マッターホーン」のバウムクーヘン（p.167）。子どものいるお宅はもちろん、仕事先にも、差し入れの感覚で持っていくことが多いです。

手土産は、永く愛され続けているものをつい選んでしまいます。自分が食べておいしいと思える納得のいくものを持っていきたいという気持ちが何より大事なんだと思います。

旅と食

よく旅に出ます。30代の頃まではせっかくなら少しでも長く滞在したいと思い、だいたい2週間は滞在するスタイル。長い時はアパートを借りて6週間なんていうこともありました。毎日何をするわけでもなく、朝ごはんを食べて散歩をして、食材を見て歩いて、時には美術館に半日、そして夕方早めにごはんを作って食べる。そんな優雅な（?）過ごし方でした。

最近はというと1〜2泊、せいぜい4〜5日と日数は少なくなりましたが、思い立ったらすぐ!　というスタイル。前もってしっかり計

画を立てることがなくなってきました。

行ける時に行く、行きたいと思った時に行くということは、ある意味贅沢なことかもしれません。

じつは今、これも旅先で書いています。一週間前に急に持ち上がった旅。深呼吸をしたくなるほど、さわやかな風が吹く気持ちのいい気候のところに来ています。場所を変えて目に入ってくるものが違って吹く風も違うと、おのずと気分も変わります。

旅のよさはそういうところ。いわゆる観光スポットといわれるところに行くことは、ほとんどありません。人気があるということはもちろんすごく魅力があるのでしょうが、私には旅先で観光スポット巡りではなく、その土地にいることだけで十分なのです。

その土地で食べられているものを食べてみたい、どんな食材があって、どんな料理が作られているのか、旅の興味はいつもそこです。

市場があればのぞき、そこで食べられるものを見つけては味を知り、プロはどんな料理をするのかレストランに食べに行き、最終日には買って帰れる食材を見つける、そんなことの繰り返しです。

旅先でいつも思うことは風土と食は切っても切れないということ。その土地、その土地で食べられてきたものにはそれぞれに理由があって、気候や風土に由来しているという、当たり前のことなのだけれどそのことを実感します。

そこで食べるからおいしいというものがあります。おいしかったから買って帰ってきてはみたけれど「あれ？　こんな味だったっけ？」と味の感じ方や食べたいと思う気持ちが違うこともしばしば。その土地で食べた感動のようなものがないのです。

考えてみればそれも当たり前のことかもしれません。そこで食べるおいしさがある。だから旅は魅力があっておいしくて楽しくて、やめられないのです。

そろそろ冬支度をする秋の終わりに会津へ旅してきました。秋の会津でどんな食材に出合えるかもとても楽しみでした。山の木々の紅葉はまばらでしたが、それでも湖面に映った秋の装いはとてもきれいでした。

山あいの道を走っていると大きな家の軒先に大根や柿が吊るしてあるのが目に留まり、寄ってみると、大根も柿もていねいにひとつずつくくられています。柿の皮もまるで機械で剥いたようにきれいに揃っていて、この数を同じようにこなすってすごいなぁと見入ってしまいました。

仕込みをするのがどれだけ大変か、そして、その仕込みがきちんとされているかいないかで仕上がりは大きく変わるのです。少なくとも普段それをしているので、仕込みの大事さを改めて感じる光景でした。

干した大根はその後どうなるのかな？　干し柿はそのまま食べるのかな？　それとも何かこの地方ならではの食べ方があるのかな？　などと思って、その家の主らしき方がいらしたのでお話を伺うと、干し柿も大根も前はもっとたくさん、大きな家のまわりすべてを囲んでしまうほど干していたそうです。大根は干した後、たくあんを作るそうで、どうやら奥さんのたくあんはおいしいと評判で、ご主人はもちろん、ご近所の方も毎年楽しみにしているのだとか。みんなから名人と呼ばれているそうで、それは作り手冥利に尽きますね。名人のたくあん、私も味わってみたいと思いました。

その後、知り合いの家を訪ねると、家の前には大銀杏の木があり、葉が黄金色に輝いていました。そして大好物の実がたくさん落ちているではないですか！

「好きなだけ拾ったらいいよ」と言ってくれたので、翌日、ゴム手袋を用意して再訪。人生初のぎんなん拾いに挑戦することになりました。旅先でぎんなん拾いをするとは思っていませんでしたが、拾い始めるとこれがなんとも楽しくて夢中になってしまいました。今まで秋になるとたくさん買っていましたが、自分で拾ったものだとおいしさもまた格別、自分へのお土産としては最高です。

そして、旅先では市場や道の駅のようなところへ必ず足を運びます。地の旬のものを求めては、旅から戻ってあれこれと素材を味わうことにしています。こういう時もはじめて出合う素材は、その土地の人がどう料理して食べているのかまずは聞いてみることにしています。そしてどんな味なのかを知ってから、自分なりの味、使い方を見つけるようにしています。

旅で出合う食はそれを通して人と出会うことでもあるんだなと、帰り路、いつも思うのです。

3章のまとめ

○「おいしそう！」と思う直感を大事にして、自分の目で見てその日の素材を決める。
○野菜のかけらがあったらスープにする。
○季節の果物を使った前菜は、ささっと出せて便利。
○手土産は、自分がおいしいと思っていつも食べているものが安心。
○旅先では、その土地のものを食べてみる。

p.118

（写真右）
バルサミコ酢
マルピーギ社 バルサモ・ビアンコ
株式会社チェリーテラス
http://www.cherryterrace.co.jp/

（写真右から2番目）
フランスの海塩
サラン社 カマルグ ペルル・ド・セル
（２０１７年現在、フルール・ド・セル）
株式会社アルカン
http://www.arcane-jp.com/

（写真右から3番目）
オリーブオイル
アルドイノ社 エキストラヴァージン
オリーブオイル フルクトゥス
株式会社フードライナー
http://www.foodliner.co.jp/

（写真右から4番目）
太白胡麻油
ピュアホワイト太白　※写真は遮光ボトル
竹本油脂株式会社
http://www.gomaabura.jp/

p.166

（写真上）
株式会社イル・プルー・シュル・ラ・セーヌ企画
塩味のクッキー
http://www.ilpleut.co.jp/

（写真下）
山本道子の店　マーブルクッキー
http://www.kaishindo.co.jp/michiko/
※２０１７年10月2日より完全予約制。
詳しくはお店にお問い合わせ下さい。

p.167

マッターホーン　バウムクーヘン
http://matterhorn-tokyo.com/

第4章
身のまわりのこと

朝の習慣

朝起きたらまず何をするかは、人それぞれですね。朝の時間にはそれぞれの個性が出るように感じます。

これまでに「朝の過ごし方」というような取材を受けたことも何度かありますし、それだけいろいろな朝があるということでしょう。

ほぼ同じことをするというか、決まったことしかしないというか、変則的なことをしないのが朝？　そう考えると朝っておもしろいですね。いろいろな人に取材してみたくなる気持ちがわかります。大したことをしていなくともそれは朝の習慣なのです。さて、私は？

まず、窓を開けて空気を入れ換えます。どんなに寒くても、閉め切っていた部屋に空気の流れを感じたいものです。

そして、朝食の前に歯磨き。朝ごはんの後ももちろん磨きますけどね。

キッチンへ行ってヤカンを火にかけます。お湯を沸かしている間に乾かしておいた食器を元の場所にしまいながら、朝ごはんを何にしようか考えます。その時の体調や気分で何を食べるか決めたいので定番はありません。

お湯が沸いたら、ひと呼吸おいてカップに白湯を注ぎ、窓辺へ。空を見上げたり、時には降りしきる雨の角度を見たり、走る車の流れを眺めながら一杯の白湯を飲みます。今日一日の動きや午前中に済ませてしまいたいことなどをぼんやりしながらでも思い浮かべます。

白湯は最近のお気に入り。以前は番茶だったのですが、体調によってはお茶でも負担を感じることがあり、その点、白湯はそっと体にしみ込むようで朝一番には心地のよい温かさ。ただの白湯でも丸さや甘みを感じたり、そんなふとしたことも朝には嬉しいことだと感じます。

朝食まで、少しのんびり過ごすというのが朝の習慣です。といっても、じつは朝の時間にはまだまだ課題だらけ。もっともっと早く起きて一日の中で朝を一番充実した時間にしたいな、と思うのです。

朝の過ごし方にも、着こなしがお洒落な人が素敵に思えるような、そんな憧れの理想像というものがあると思います。カッコいい女性はきっと朝時間をすごく粋に過ごしているのだろうな、と。

朝方暗いうちから起きて、白々と夜が明けて朝陽がのぼってくるのを窓辺で白湯でも飲みながら眺める。

そして自分の時間を有効活用するかのように背筋を伸ばして急ぎの仕事を済ませてしまう。

それからゆっくり朝ごはんのことを考えて軽く体のストレッチでもしながら、キッチンへ。

そう、まだありました。

朝のお風呂でゆっくり本を読むなんていうのも日課にできるくらい、時間に余裕があったら素敵です。

朝ごはんを食べて、片付けて、掃除も洗濯も終わってまだ7時、8時だったら完璧な朝になると思います。

私にもそんな朝の習慣がやってくることを願って、まずはひとつひとつ前向きに取り組んでいってみようと思っています。

理想の朝時間を手に入れるのはいつになるでしょうか。

朝の時間、習慣を、思いっきり見直してみるというのもいいかもしれませんね。

ASSOCIATES

Solitude
Leading Light
Body Lotion
Lotion de Corps
Rice Bran, Shea Butter

バスタイムとスキンケアグッズ

料理の仕事をしていると、身につける香りとは無縁。もちろんハンドクリームさえ日中はつけられませんし、ましてや香水のような香りの強いものを肌につけることはありません。だからか、仕事が終わって、気分を切り替えたい時に少し香りのあるものを使います。スッとした中にも豊かな芳香が感じられるものは、疲れからリラックスの方へ気持ちを持っていってくれるようで、好みです。

お風呂は何よりリラックスできるひと時だから、たまには贅沢に。バスオイルをバスタブに数滴たらすとお湯を張っている時から香りが部屋にもほのかに香ってきて、スーッと気持ちが落ち着いてきます。湿気を含んだ香りは深呼吸したくなるほど。読みかけの本を持ち込んで、いつもよりゆっくりお風呂に入る時間を楽しみます。時にそれがバスオイルだったり、香りのよい石鹸だったり（p.190右・中）。好みの香りを見つけてはひとつ、ふたつ買っておくようにしています。箱も素敵なものが多く、ちょっとしたお返しや、プレゼントにも向くので買い置きしておくと便利です。お風呂上がり、時間に余裕がある時は、足を中心にオイルマッサージ。これ（p.190左）もスパイシーな香りの中にほんの少し甘さを感じる香りなどはリラックスの効果抜群。重かった足が少し軽くなるのを感じながら、自分のための時間を作る、その余裕が何よりの贅沢でリラックスにつながっています。疲れきってやさしい香りに包まれて眠りたい時には、お風呂上がりに、ほのかな香りのクリーム（p.191右）をつけて。ベッドに入った時の幸せ感といったら！　ハンドクリームも同様にほんのりとした香りのもので少しの間だけでも手に保湿を。ハンドクリームはいろいろと試せるアイテムだから、これと決めずに小さめのサイズのものにして、その時々で試して好みのものを見つけています（p.191）。

そして香り以外のリラックスとして、一日の終わりに窓の外を眺めながらゆっくり歯を磨きます。今日の一日を振り返ったり、明日のことをふんわりと思い描いたりしながら、窓辺に座って外を眺めて歯磨きをしていると、ふっと気持ちが静かになって、眠りの時間へ移っていけるのです。そしてたまに歯磨きをしながら左手にほどよい大きさの石（p.191左）をにぎったりして。何か謎めいているわけではなく、これはただただ、気持ちが不思議と落ち着くのです。

アクセサリーはシンプルなものを

学生の頃にピアスに憧れながらもそのタイミングを逸して、ようやくピアスをするようになったのは30代後半でした。遅いデビューでしたが、ちょっとかわいいものを見つけては揃えていきました。でも40代になると、さりげなくシンプルなものをひとつつけていればいいと思うようになりました。そう思って小さなダイヤのピアスを買って以来、ほとんどそればかり。普段は毎晩はずしますが、旅行の時などはそれをつけっぱなしにしています。小さくてシンプルなのでひっかかることもなく、なくす心配がありません。それでいてカジュアルにも少しかしこまった服の時にも対応してくれます。40歳の記念に買ったダイヤのピアスは普段にも旅行にも大活躍で、ちょっと得をした気分です。

最近、少しだけアイテムを増やしてもいいように思えるものに出合いました。「shuó」のピアス（p.198）、ネックレス（p.198）、ブレスレット。どれもシンプル、そしてさりげない上品さがあるものばかりです。「shuó」のブランドコンセプトは冠婚葬祭。大切な日のために素敵なもの、きちんとしたものをというコンセプト。袱紗《ふくさ》や数珠もあります。そう、30〜40代って冠婚葬祭をそろそろきちんとしていかなくちゃいけないと思う年代。今まではあるもので済ませてしまっていましたが、そうもいかなくなってきます。服もそうですが、バッグやアクセサリー、そして数珠なんていうものも。「そう、そのこと、みんな困っているよ！」と思い、このブランドがとても気になったのです。それからシーズンごとに見るようになり、ひとつ、ふたつとアイテムが増えています。そして冠婚葬祭の時だけではなく普段使いにもちょうどよいのです。シンプルなものをさりげなくって、じつはとても難しいこと。洋服でもTシャツにジーンズで格好がつくのはかなりの上級者だと思いませんか？　そこにひとつさりげないアクセントがあるとカッコいいなと思っているのですが、なかなかにハードルも高い。洋服もアクセサリーもそれぞれの好みなので、大きくて派手なアクセサリーが好きな人もいるでしょう。すごく大ぶりなものが似合う友人を見るとカッコいいなとも思うのです。でも、きっといくつになっても好みは変わりそうにないので、この先も「シンプルでさりげないものを少しだけ」が私のアクセサリーのテーマになりそうです。

シンプルで大人っぽい着こなし

40代になって、これからどんな服を着ればいいのかな？　この服はそろそろ年齢的に着られないかな？　という迷いが出てきました。半年ほど前に洋服を整理する機会があり、クローゼットや引き出しにしまいこんでいたものをすべて見直してみると、どれもこれも、もう着られないというものばかり。なんでこれを着ていたのだろう？　と、自分でも不思議な感覚になってしまうほどでした。それは40代なりたてから、さらに2〜3年経った今、明らかに体形と気持ちに変化があるということを実感した時でもありました。今は方向性の定まらない迷いの中にいます。でも、自分の好みは今までも大きな変化はなかったので、好みの中で今までOKだった範囲をそぎ落としたり、今までは手を出さなかったものにトライしたり、としてみればいいのかもしれません。もともと個性的なものよりはシンプルなデザインのものを着ていたので、きっとこの先もその路線からは外れることはないでしょう。今は迷いの中だからか、なおさらシンプルなものを選んでいるように感じます。体形もカバーしたいけれど、だからといってシルエットが出ないものばかりというのはかえって体形をカバーできていないように思うので、少し細めでもすっきり見えるものを選ぶようにしています。

シンプルで大人っぽい、そして日常に動きやすくて仕事にも支障のないデザインが洋服を選ぶ基準。「YAECA」は2年ほど前に知り、今

YAECA

一番よく着ているブランドかもしれません。デザインはシンプルでちょっとしたところに気が利いているという感じ。大人が着る日常着として最適なデザインと素材感。コートは昨冬、パンツにもスカートにも大活躍しました（p.202）。

着まわしが利き大人っぽく着られるものとして、カーディガンも、最近取り入れるようになったアイテム。「kolor」のもの（p.203上）はアシンメトリーで、肩や袖の一部に異素材が使われているところにもシンプルながらデザイン性があって気に入っています。

そう、ブーツもなぜかロングからショートになりました。膝丈のスカートにロングブーツを合わせることがなくなり、パンツにもロングスカートにもショートブーツを合わせています。足がスッと細めに見えるようなきれいな形の「BEAUTIFUL SHOES」のもの（p.203下）を愛用中。
すっきりと大人っぽいシンプルな着こなしというのが、今は、しっくりきています。

自分の体と向き合う

　一年ほど前から、ヨガをはじめました。何か体のためにしなくては、と思いながらも、たまにウォーキングをするくらいで運動している気分になってごまかしていました。何がきっかけだったかはあまり覚えていませんが、夏のある日に思い立ってヨガの入門クラスに参加してみたのが最初。ヨガにもいろいろあっていまだにきっと知らないことだらけということには変わりはないのですが、ヨガの時間を持つことに気持ちが進んでいます。そこから毎週2回、仕事の合間に時間を作って通っています。やってみて驚いたのは、今まで自分の体を意識することなんてなかったということ（きっとヨガ経験者は多いと思うので、当たり前のことやもっともっとその先の境地はあるのだろうけれど）。

呼吸を見つめる、喉や首や眼球までもやわらかくして、自分の内側を静かに見つめていく。姿勢はもちろんですが、ここまで体の作りや自分の体の持っている力を感じるなんて、日常の中ではないことばかりでした。そして普段、どれだけ使っていない筋肉、意識していない体の箇所があるかを思い知らされました。それを意識するだけでもすごいことなのだと思うのです。日常生活では自分の体力を過信していて、それは本当に過信にすぎないということに驚いたし、体力だけではなく、こんなにも自分のことをわかっていなかったのか、と自分が自分にパンチをくらったような気持ちにさえなりました。自分を知る、それはちょっと厳しい現実。そして自分を労《いたわ》ることも、今できることをしていくことの大切さも、その先につながるものがあることも、自分と向き合うことの中で実感しています。

忙《せわ》しない一日だったとしても、ヨガの時間を持つことで自分の中のザワザワとして落ち着かなかった心身が静かになっていきます。帰り道はいつもすっきりとした気持ちで背筋も伸びて足取りも軽い。自分の体と向き合うことは自分を見つめること。それはこれから年齢を重ねていく上で、必要なことなのかもしれません。少しずつでも体が変わっていくことを実感できたら、それでまた自分とのつき合い方も変わっていくように思うのです。ヨガに限らずとも、日常の中で静かになる時間、自分を見つめる時間を持つことができたら素敵ですね。

気分転換の方法

朝からの撮影が終わるとキッチンをいっきに片付けて窓から外を眺めます。夏なら空がまだ明るくてようやく涼しくなってくる頃。秋から冬は陽が沈む前のきれいな紅い空を見て、ホッとひと息。そのままレシピの整理や打ち合わせの準備などに移ればいいのですが、頭と体が何やらつながっていないような感覚で、なかなか切り替えができません。そんな時はちょっとだけ、隙間の動きを入れるようにしています。それはただ、外の空気を吸いに手ぶらで散歩に出かけたり、時には少し遠くても、気になっていたお店や展覧会を訪れたり。そうやって仕事と仕事の間に隙間を作るようにしています。ここちよい風を受けて歩いているだけで気持ちが前向きになる時もあれば、甘いお菓子で緊張が溶ける時もあり、人と会って話すことで刺激を受けることもあります。気分転換の隙間は次のことへ気持ちが向いていく大切なひと時。ひとつひとつをクリアにしてムリなく、前へ進んでいきたいものです。

4章のまとめ

○朝は、最初に窓を開けて空気を入れ換えてから一日をはじめる。
○リラックスできる時間を大切に。
○アクセサリーも洋服もシンプルなものを。
○自分の体と向き合う時間、自分を見つめる時間を持つ。
○仕事と仕事の間に、気分転換に切り替えの時間を持つようにする。

p.190

（写真右）
AROMATHERAPY ASSOCIATES
エンカレッジ バスアンドシャワーオイル
株式会社シュウエイトレーディング
http://www.shuei.net/

（写真中）
SAVONNERIES BRUXELLOISES
ソリッド・ホワイト（ソープ）
サボネリーズアンドカンパニー株式会社
http://www.savonneries-company.com

（写真左）
SHIGETA
ブレンドエッセンシャルオイル　リバーオブライフ
シゲタ ジャパン
http://www.shigeta.fr/
※2017年現在、パッケージがリニューアルされています。

p.191

（写真右・中）
Panpuri
リーディング ライト　ボディローション
ソリチュードルミナス　ハンド&ネイルクリーム

（写真左・右から4番目）
Panpuri
カムクリーン　ハンド&ネイルクリーム
ローズカシミア　ハンドクリーム
※2017年現在、4点ともお取り扱いがありません。

p.198

shuó　ピアス・ネックレス
http://shuo.jpn.com/

p.202

YAECA　コート
http://www.yaeca.com/

p.203

（写真上）
kolor　カーディガン
http://www.kolor.jp/

（写真下）
BEAUTIFUL SHOES
サイドゴアブーツ
GALLERY OF AUTHENTIC
http://galleryofauthentic.jp/

渡辺有子

料理家。シンプルでやさしい、素材の味を生かした料理が人気。また、センスある器使いやインテリア、着こなしなど、独自の視点で暮らしと向き合う姿にファンも多い。料理だけでなく、ライフスタイルにも注目が集まる。

著書に、『衣・食・住　おとなの備え』（主婦と生活社）、『春夏秋冬、ストウブの料理』（学研）、『作りたい、食べたい、12ヵ月のシンプルレシピ』（幻冬舎）、『季節のおつまみ2品《ふたしな》、3品《みしな》』（PHPエディターズ・グループ）、『私の好きな「料理道具」と「食材」』（PHP研究所）などがある。

ブックデザイン
渡部浩美
撮影
五十嵐隆裕（ゴーニーゼロ）
ＰＤ
小川泰由（凸版印刷）
ＤＴＰ
株式会社ＰＨＰエディターズ・グループ

※本書で紹介したデータは単行本時（２０１４年５月）のものです。２０１７年現在、一部商品の取り扱いがないものもあります。

この作品は、２０１４年６月にＰＨＰ研究所より刊行された。

すっきり、ていねいに暮らすこと

２０１７年８月15日　第１版第１刷発行

著　者　渡辺有子
発行者　岡　修平
発行所　株式会社ＰＨＰ研究所
東京本部　〒１３５-８１３７　江東区豊洲５-６-52
文庫出版部　☎０３-３５２０-９６１７（編集）
普及一部　☎０３-３５２０-９６３０（販売）
京都本部　〒６０１-８４１１　京都市南区西九条北ノ内町11
PHP INTERFACE　http://www.php.co.jp/

印刷・製本所　凸版印刷株式会社

ISBN978-4-569-76741-3

今日もていねいに。

暮らしのなかの工夫と発見ノート

松浦弥太郎 著

「見えないところをきれいに」「おいしいものはお裾分け」など、前『暮しの手帖』編集長が実践する、心ゆたかに暮らすための小さな習慣。

定価 本体六二九円（税別）

あたらしいあたりまえ。

暮らしのなかの工夫と発見ノート

松浦弥太郎 著

「足元をぴかぴかと」「雨の日は花を買う」「話しすぎない」など、前『暮しの手帖』編集長が考える、毎日にあたらしさをもたらす方法。

定価 本体六二九円（税別）

PHP文庫好評既刊

あなたにありがとう。

暮らしのなかの工夫と発見ノート

松浦弥太郎 著

「気負わず贈る」「近づきすぎない」「断られ上手になる」など、前『暮しの手帖』編集長が経験から見つけた、人とのつきあい方のヒント。

定価 本体六二九円（税別）